DO MORRO
À ÁFRICA

O QUE NOSSOS "AVÓS"
NÃO PUDERAM NOS ENSINAR

Marcelo Cortes, Rodrigo Aguiar
e Letiere Rodrigues

DO MORRO À ÁFRICA

O QUE NOSSOS "AVÓS" NÃO PUDERAM NOS ENSINAR

coragem

Porto Alegre
2023

© dos autores, 2023.
© Editora Coragem, 2023.

A reprodução e propagação sem fins comerciais do conteúdo desta publicação, parcial ou total, não somente é permitida como também é encorajada por nossos editores, desde que citadas as fontes.

www.editoracoragem.com.br
contato@editoracoragem.com.br
(51) 98014.2709

Projeto editorial: Thomás Daniel Vieira.
Preparação de texto: Nathália Boni Cadore.
Capa e ilustrações: Tomás Cuelleton.

1ª tiragem: outono de 2023.
2ª tiragem: primavera de 2024.
3ª tiragem: outono de 2025.

Porto Alegre, Rio Grande do Sul.
Outono de 2025.

Dados Internacionais de Catalogação na Publicação (CIP)

C828d   Cortes, Marcelo
  Do morro à África: o que nossos avós não puderam nos ensinar / Marcelo Cortes, Rodrigo Aguiar, Letiere Rodrigues – 1.ed. – Porto Alegre: Coragem, 2023.
    116 p.

    ISBN: 978-65-85243-02-5

    1.Cultura – África. 2. Cultura negra. 3. Cultura africana. 4. Religião – África. 5. Mitologia africana. 6. Saberes – Antepassados. 7. Ancestralidade. 8. Tradição oral – Narrativa oral – África. 9. Oralidade – Comunidade – Tradição africana. 10. Literatura africana. 11. Negros – Brasil, Região Sul. 12. Racismo – Brasil, Região Sul, I. Aguiar, Rodrigo. II. Rodrigues, Letiere. III. Título.

                                                              CDU: 008(6)

Bibliotecária responsável: Jacira Gil Bernardes – CRB 10/463

Homenageio Isolina Cortes, Tia Mimosa e Diva Silva Cruz — avós que puderem me ensinar. Uma por ter estado comigo grande parte da vida, em sua vida de mais de 100 anos. A outra pelo arroz com feijão com pão. E a última por não ter conhecido em vida e nem por isso aprendi menos, pois ao receber Xangô em casa deixou lições para uma vida em busca do equilíbrio das forças.

Marcelo Cortes

A dor é passageira, da mesma forma que a felicidade, os ciclos são permanentes, da mesma forma que os encontros... até breve, João Luiz, até breve, Luiz Theodoro.

Rodrigo Aguiar

As conversas despretensiosas de outrora, hoje me acompanham com o peso de inestimáveis ensinamentos. eterno agradecimento aos meus avós, sr. Getulio Rodrigues, sra. Antonieta Rodrigues, sra. Elvira Martins, sra. Noemi da Silva; aos meus pais sr. Manoel e sra. Sônia; e aos meus tios pela valorosa contribuição na minha formação humana. Muito Obrigado!

Letiere Rodrigues

Sumário

Apresentação 11

TEXTO ORAL. 27

    Conhecimento vivo acontecendo entre nós . . . 30

MAASAI 35

    O cotidiano contraditório 41

AMMA 43

    Verdades moldadas 48

KIMBUNDU. .51

    Raízes da resistência 54

SWAZI 57

    O que pode corresponder hoje ao que chamamos
    de clã na África? 63

ABUK 67

    A Mulher Negra. 70

NKULUNKULU. 73

    Morremos quando demoramos 78

NOMMO. .83

    Dar nome a tudo que está em nossa volta é uma
manifestação da África em você 90

OGUM. 97

    Todo haitiano no Rio Grande do Sul é Ogum
navegando em nossas veias. 103

ZARMA 107

    Palavras iguais que representam coisas diferentes,
palavras diferentes que expressam coisas iguais 112

Apresentação

O Mbimbinu das Baobás é o Leão Preto de nossas "avós"

Este trabalho foi pensado para as pessoas que têm curiosidade sobre os valores correligionários que estão em torno da mitologia africana e das suas múltiplas dobras, sobre a história anterior à escravidão e, ao mesmo tempo, os passos que se entrelaçam com esse horror. A propósito, uma história desse vasto continente, passando por aquilo que nossos antepassados tanto acreditavam como construíram através de gerações. Uma cultura que está para além de suas religiões, ou seja, uma manifestação social que estabelece uma rede de articulações práticas e simbólicas, vinculada a uma história que ainda sobrevive mesmo atacada de diversas formas através dos séculos.

À medida que avançamos, anunciamos que essa história não retrata somente a subalternização do povo negro, e vamos colocar a riqueza, a "realeza", as complexidades desse modelo social que estabelece sua dimensão mostrando uma diversidade milenar da cultura africana. Assim, não permaneceremos instituindo aquela versão que insistem em nos ensinar, que é feita e manipulada, que traz a ideia restrita de uma África filha de uma escravidão eterna, esquecendo-se de nos mostrar que esses povos foram mais escravizados do que um povo meramente escravo. E, lembramos, não há povo que não apresente a sua dimensão escravocrata, em suas mais mutáveis formas, escravizando seus próprios pares, povo vizinho ou povo semelhante.

Os textos (fragmentados) aqui traduzidos e comentados fazem parte da vontade de fazer uma história ligada aos nossos antepassados que não tiveram a oportunidade de nos contar as histórias atreladas às suas raízes devido às perseguições que sofreram. Direcionamos caminhos que não ficam exatamente acoplados ao campo religioso, em sua tonalidade simplista da questão. Então, digamos que estamos ampliando essas bifurcações e, com isso, acreditamos que o interesse sobre nossa cultura fundamental se diversifica e potencializa nossas vidas enquanto história prática vivida. Esse saber em seu viés secular se dissolve nas práticas cotidianas de fazer, de produzir a vida e de se defender dela.

Atualmente, vivemos em uma sociedade que descarta as pessoas mais velhas, seja por qual motivo for, e todos os motivos fazem parte de um mesmo processo de exclusão social. Por isso, trabalhos como este são importantes, pois busca-se tanto valorizar o conhecimento de nossos antepassados quanto valorizar essa "ciência" que ainda está à nossa volta, perpetuada pela vida das pessoas mais velhas. Aliás, estamos em um contexto histórico no qual a COVID-19 é uma doença que tem seus efeitos, em parte, nas pessoas mais velhas. Isso se torna não exatamente uma reação da natureza contra nós enquanto espécie, mas uma ação que nos permite avaliar como estamos vivendo, provavelmente muito na contramão de uma vida articulada, positivamente, com a natureza. Separar essas relações só seria possível se nós, seres humanos, pudéssemos viver fora da natureza. No entanto, apenas é possível o contrário: a natureza poderia viver sem nós. Existem outras espécies e outras dinâmicas. Mas, fato é que a nós não é permitido viver sem a natureza. Isto é, temos uma política que produz a natureza que envolve nossa sociedade. Dito de outro modo, a natureza, nesse caso, é resultado (é moldada) por uma política social que marca sentido e corpos.

Esses acontecimentos nos forçam a olhar com mais carinho para os mais velhos e os menos favorecidos em nossa sociedade. Ora, infelizmente é preciso uma pandemia para que valorizemos uma coisa que deveria ser reconhecida e apreciada enquanto nosso patrimônio social e humano, e ainda assim aprendemos pouco com ela, enquanto consciência social coletiva dos fatos. Logo, percebemos que muita coisa que acabamos deixando para depois ocorre assim, justamente porque perdemos algumas raízes fundamentais de convivência social do nosso povo.

Parece que chegamos a um momento crucial da nossa história. Quem sabe a relação entre história e literatura pode nos oferecer, se não respostas a esses problemas, maneiras de sentir e imaginar que possam criar condições para nos fornecer sentidos cotidianos de vida, para que possamos, então, procurar respostas e se fortalecer. Isto é, a natureza não é nossa inimiga, nem nossa mestra, ela é nossa aliada, e quando não nos articulamos positivamente com ela as mazelas se tornam um produto social estabelecido por todos nós.

Ademais, este projeto foi desenvolvido a partir da nossa dificuldade, em especial de Rodrigo Aguiar, que trouxe algumas questões ao grupo numa reunião em um bar no Morro Santana, em conseguir encontrar fontes literárias que tratassem da história da África sem restringi-la a um viés estritamente religioso. Esse viés, de desenvolvimento basilar literário e cristão, acaba esquecendo toda uma dimensão cultural e social de resistência, que também é estética, científica, e por aí vai. Ou seja, essa formação cultural hegemônica que nos envolve traduz ferramentas culturais de forma basicamente negativas, dependendo daqueles que nos traduzem os ensinamentos. Mesmo os aspectos entendidos como positivos das culturas negras são também colocados de forma depreciativa.

Nesse contexto, vejamos que a perspectiva levantada por Rodrigo Aguiar sobre a imagem do cristianismo é muito próxima, se não prima, daquilo que está na base das interpretações antropológicas e dos estudos e traduções de Martin Buber (1878-1965) sobre o antigo testamento e a bíblia. Em seu livro *Imagens do Bem e do Mal*, o autor constata que a bíblia possui dois polos, uma narrativa sobre o bem e outra sobre o mal, mas que, na realidade bíblica, dentro dessa distinção existem graus fundamentalmente distintos e, no entanto, representam dois modelos de mal — essa é uma das teses de fundo do pensador. Ou seja, os extremos correspondem a um tipo de mal apoiado e definido em um mesmo ângulo. Em outras palavras, os seis que trocamos por meia dúzia, mas nada acabamos mudando de fundo, pois os valores permanecem os mesmos. Desse modo, quando há divisão em dois polos causa-se a impressão de que um está do lado do bem — necessariamente é assim que nos cabe pensar, e devido à moral da história que se busca sustentar, nesse discurso, temos que ter um lado do bem, e do bom lado das coisas, mas essa significação é mais aparente do que se admite, em muitos casos.

Sendo também assim produzido, Rodrigo Aguiar reconheceu um considerável preconceito seu em relação à religião de matriz africana popularmente conhecida no Brasil, uma posição estimulada por certo tipo de cristianismo, que a conceitua como "religiões que são filhas das práticas pagãs e maléficas".[1] Nas palavras de Rodrigo

---

[1] O termo "paganismo" significa: gentilismo, etnicismo, politeísmo etc., ao contrário do que o cristianismo nos oferece enquanto significado desse termo. Nessa ótica, o cristianismo acaba sugerindo valores contrários a essas adjetivações da prática pagã, aliás, ou fez apropria-

Aguiar: "infelizmente, qualquer indivíduo que no seu processo de desenvolvimento tenha sido vítima de visões de mundo excludentes, como eu fui, terá dificuldades para desconstruir tais preconceitos infundados, assim como eu tive".

Um dos objetivos deste projeto é o estreitamento das relações sociais de forma a evitar a segregação de grupos e, com isso, buscar diminuir a possibilidade de práticas discriminatórias entre o nosso povo, produzidas por nós mesmos em alguns casos.

A analogia imaginativa do livro acerca dos chamados aqui de "avós", nos faz, de certa forma, nos vermos conversando com nossos antepassados familiares, pois quando lemos essas passagens da cultura africana estamos dialogando com eles, ouvindo-as falarem, como um vínculo histórico — sendo que se não tivessem sido massacrados poderiam ter nos contado muitas

---

ções desses valores para poder condenar esse termo ou produziu uma espécie de "roubo". Tais conjecturas são aqui descritas sobre a ótica de Paul Veyne. Ver:.VEYNE, Paul. *Quando nosso mundo se tornou cristão (312-394)*. Rio de Janeiro: Civilização Brasileira, 2011.

histórias que buscam se situar naquele elo entre as gerações e, independente dos juízos de valor que elas possam nos trazer, seria a nossa história. Muito pior é não ter tido a oportunidade de absorver seus aprendizados. Esse lugar vazio faz com que a cultura negra, muitas vezes, se torne refém de outras culturas que ali estão não para dialogar conosco, em forma de troca cultural, mas sim para apagar nossas raízes. Sabemos que a ausência consciente de algo pode às vezes ensinar mais do que sua presença, mas, neste caso, a brutalidade que construiu esse desaparecimento massacrou ancestralidades, trocas e fortalecimentos culturais, estimas, psiques, conhecimentos e histórias de amores, que fortalecem o motivo de se estar vivo.

Para demarcar essas fronteiras articulamos a tradução de um livro que pode ser feita em partes, e escolhemos algumas histórias dentro desse cenário. A intenção é a de trazer a história da nossa cultura de maneira geral. O livro escolhido foi *Encyclopedia of African Religion*, editado e organizado por Molefi Kete Asante e Ama Mazama.

Essa obra foi publicada em 2009 em língua inglesa, com mais de 850 páginas. Aqui, selecionamos e traduzimos alguns capítulos dessa obra, e os comentamos. Desse modo, através desse livro colocamos nossas abordagens para motivar possíveis interpretações além das nossas, proposta bastante plausível de ser feita devido à riqueza que o livro apresenta.

Embora sejam histórias resumidas sobre esses povos, sabemos que é de grãos de areia que se forma uma duna. Ao mesmo tempo, estamos mais do que traduzindo esses textos, estamos digerindo e aplicando, ao nosso modo, características de um mundo que traça uma nova temporalidade de vida. Nesse sentido, estamos exercitando uma perspectiva que entrelaça o agir de uma "Afrocentricidade".[2] De sorte que estamos, então, indo um pouco além do que ela estabelece, sem exatamente abandoná-la. Isto é, tendo em vista uma medida geracional que impacta nossa prática teórica, que desmente nossa reali-

---
[2] ASANTE, Molefi Kete. *The Afrocentric Idea*. Philadelphia: Temple University Press, 1998.

dade, porque se localiza na imaginação ideológica de nossa política cotidiana.

Fomos escravizados durante 338 anos e, depois, jogados e tratados como lixo, sem nenhum programa de governo para nos amparar. Estado-nação esse que se beneficiou por mais de 300 anos do nosso suor e do nosso sangue em grandíssima quantidade. E a conta ainda não bate, pois fomos escravizados por 338 anos e estamos livres há somente 135 anos, e ligados a um tipo de liberdade que transforma nossa esperança em um lugar de submissão.

Por isso, achamos que esse pequeno esforço literário faz parte de um conjunto de medidas que fazem esse preto e essa preta começarem a reagir (e se já começaram a reagir, que reajam ainda mais), principalmente em um contexto que nos fornece um divisor de águas, sob o âmbito da saúde, pois 2020 pode ser o nascedouro de um novo tipo de eugenia colocada sobre as costas do nosso povo. Dado que essa eugenia rima com uma nova forma de exploração do trabalho, racismo, xenofobia, reacionarismo, ataques às raízes culturais e religiosas das matrizes africanas, neonazismo e neofascismo sul-americanos, ligado a nosso processo de colonização e recolonização.

Além disso, a pandemia da COVID-19 abriu as feridas de um modo de vida civilizatório que não corresponde mais à realidade (realidade aqui entendida como dignidade social), visto que temos formas de organização social que, se não mudarem, não vão conseguir sobreviver, pois podemos enfrentar pandemias maiores e mais graves do que essa. Assim, aquele "logo" que vem do λόγος grego, o oráculo de Sócrates, afirma que teremos outra pandemia.

Ademais, tanto nossa ancestralidade (do "capa preta") coloca a questão nestes termos como o anarquista e comunalista Murray Bookchin colocou em *The Ecology of Freedom* (1982), *A Ecologia da Liberdade*. Ele alerta que a história das radicalizações do liberalismo, em nosso tempo anunciado de neoliberalismo, movimento também chamado de brutalização social, acarretou pandemias no passado, acarreta no presente e acarretará no futuro. Não estamos exagerando, é para se assustar, se organizar e refletir, como o próprio gesticula — se não fizermos o impossível, seremos então coagidos pelo impensável, assim, viveremos assustados por ele na maior parte do tempo, conforme Bookchin.

Temos, enquanto sociedade, talvez o maior desafio de nossa geração, que se generaliza sob a questão ambiental, do trabalho e da saúde (as décadas vindouras prometem revoluções). Por isso, incluímos e referenciamos toda aquela ciência dos saberes de nossos antepassados, dado que ainda estamos sem nenhum programa que tenha a real intenção de proporcionar a vida digna que nos foi arrancada. Mas estamos aqui, firmes, fortes e de pé, com muitas cicatrizes, que só vêm mostrar o tamanho da nossa força diante da história de sangue, cultura, suor, emoção, lágrimas e lutas.

Neste instante, buscamos aquela exatidão nos atos como o povo Dogon pintava, desenhava e apontava, com aquele rigor que a astronomia moderna aprecia, situando a órbita elíptica em relação à estrela Sirius. A tal ponto de sua precisão desafiar a parte arrogante da dita ciência "ocidental". Precisamos orbitar nossas culturas pretas umas sobre as outras, em nome da força que se eleva e se levanta.

Contudo, todos esses andares fazem nossa união se tornar um desafio (também um desabafo), alertar nossas irmãs e irmãos, o "sarará sem bandeira", em língua Tupi, esse tal "sarará" é a tal de formiga vermelha: que surge nos dias de sol depois da chuva, para renascer, lutar, se identificar na negritude, caminhar e embelezar a vida da natureza. Estamos fazendo escolhas políticas, temos responsabilidades comunitárias a construir e retomar, fazendo cultura negra. Tudo está em jogo, contamos com vocês.

Ora, ninguém pode ser humilhado o tempo todo e não reagir. Então, por isso reagimos nas suas mais diversas e variadas formas de lutar, sorrir, chorar, produzindo e praticando condições de amor e sabedoria ao outro, de forma que a dignidade do outro produz a nossa dignidade. Por meio dessa troca se faz do amor a própria luta, o cair para levantar, a resistência que avança sabendo o que quer, manifestando o que queremos. Porque se não soubermos o que queremos, estaremos perdidos — logo, algum tipo de (racista) "branco(a)" perverso(a) que fala macio, oportunista e chantagista, vai saber nos colocar no lugar que lhe convém e, diante disso, é necessário estar atento.

Que venham mais 100, 200 anos, uma vez que estaremos aqui, e cada vez mais fortes, pois eles acreditam erroneamente que buscaram empregados, mas na VERDADE TROUXERAM GUERREIROS E GUERREIRAS... "eles combinaram de nos matar, mas a gente combinamos de não morrer".[3]

---

[3] Temos aqui uma evidência traduzida em homenagem a Conceição Evaristo.

01
TEXTO ORAL

O texto é um corpo verbal ou não verbal de símbolos e sinais em que os africanos percebem e vão interpretando-o como língua. Os africanos transmitem o texto oral verbalmente de tal maneira que o público não apenas o ouça, mas também tenha uma baliza e uma transcrição dessa imagem em sua mente e em sua memória. Nos tempos antigos, o texto oral foi referido como *medu netcher*, "discurso divino". Algum tempo depois, foi referido como *Nommo*, a "palavra regenerativa". O texto oral foi e ainda é percebido por muitos africanos como energia verbal, que é considerada um veículo eficaz de poder.

Na tradição africana, o observador e o mestre do texto oral foram creditados para não apenas pintar uma imagem, mas também deter doenças, conjurar espíritos, apaziguar e "apagar" demônios. Ele ou ela poderia honrar e reverenciar o falecido, bem como fomentar a guerra, a paz ou o ativismo. O mestre do texto oral era um objeto valioso, atuando como pregador, oráculo, adivinho, *seba maat*, professor, *djele*, poeta ou cantor. O texto oral na tradição africana é instrutivo, destrutivo e construtivo, uma riqueza de inteligência e sabedoria transmitida.

De acordo com os mitos mais antigos da África, a oralidade do texto se tornou o veículo para o criador formar e modelar o cosmos, para ordenar o mundo em que vivemos, e também para fornecer inteligência, valores e instruções para a humanidade. Possui práticas e significado mitológico.

No sentido mitológico, é por capricho, desejo e vontade dos mais velhos ancestrais para criar e recriar a ordem no universo. Foi, então, um presente do transcendente e dos deuses inferiores aos humanos. No sentido prático, o texto oral foi usado para curar, instruir, ensinar, nomear, e adicionar insights.

O texto oral no mundo africano é sagrado e secular, dependendo da situação e localização retórica (que ele se encontra). É permanente porque não pode ser recuperado uma vez que foi liberado. Uma vez falado, imprime a memória daqueles que testemunham e torna-se incorporado nos corações e mentes dos ouvintes. Embora espontâneo em algumas ocasiões, outras vezes pode ser cuidadosamente apresentado. Ele é e cria a forma, mas também tem uma função, isto é, motivar e inspirar. Dentro da religião, o texto está no domínio do pregador ou do divino que é o canal, ou o emissário de inspiração do divino para a apresentação de uma mensagem. Na guerra, o texto oral é o domínio do líder. As formas contemporâneas do africano do texto oral incluem: a música, o rap, a alma falada ou a poesia.

Khonsura A. Wilson

Conhecimento vivo
acontecendo entre nós

Quando me vem à cabeça o que entendi dessas passagens do TEXTO ORAL, sinto que antes de entender teria que falar primeiro o que senti antes de falar do que entendi. Vou apostar nisso: talvez, nesse caso, seja mais importante não falar do que entendi, mas o que entendi vinculado ao que aprendi sentindo esse texto. Se é que me entendem. Vou expressar o que senti em palavras. Faço isso porque quero preservar uma beleza entre nós, uma forma africana de ser. **Quando**, principalmente, entendemos nossas responsabilidades comunitárias. Analisando nossas vidas podemos nos situar como os continuadores de uma tradição. Uma tradição que devido à sua diversidade se fortalece e se unifica, por ser diversa. **Quando** falamos estamos exercendo toda uma realidade. **Quando** preservamos a oralidade de nossa comunidade estamos agindo em nome da preservação de nossas vidas. Em tudo que falamos existe um texto que está se formando e já está formado, esperando uma orientação que coloque sentido às nossas ações. **Quando** ouvimos aquela senhora que mora lá no alto da colina estamos exercendo um conhecimento vivo. **Quando** estamos cantando na comunidade estamos nos comunicando com todas as vitórias e derrotas de nosso povo enquanto declaração de justiça conquistada. **Quando** se está resolvendo e colocando em nossa mesa nossos mais importantes problemas sociais, essa longa e difícil história de luta, de resistência e sobrevivência, estamos, nós, fazendo a mais antiga política e a mais eficiente astúcia contra a morte. **Quando** conversamos entre nós, exercemos nossa psicologia, nosso silêncio diante da coragem que temos que ter todos os dias, tanto para sair de casa pela manhã como para conseguir voltar. **Quando** pensamos (ouvindo aquela voz que fala dentro de nós) estamos conversando com nossa força exterior, porque nossa força interior só se manifesta nos outros: em nossos filhos, familiares, amores, desafios, inimigos, em nossos amigos, as grandes amigas, na força da comunidade.

A vida se faz sobre o grande clã que são nossas relações com as pessoas.

Quando nossa espiritualidade se expressa mais em nossa religiosidade do que em uma religião temos o acolhimento, ninguém pode deixar ninguém mal, sempre cabe mais um em nossa mesa. Isso quer dizer que não expressamos nossas verdades através de uma religião, mas por meio do que ela pode nos fornecer enquanto cultura. O texto oral manifesta nossas relações, a necessidade do amor que faz do dia a dia uma guerra em nome do sofrimento dos outros, e a nossa fala deve ser acolhedora. **Quando** o povo está fazendo suas referências à sua religiosidade ele se autoexplica, sem falar, o que está fazendo. A religiosidade é uma cultura que nos traz força, um sistema imaginário que luta contra as doenças da vida e das adversidades que a natureza e a sociedade promovem sobre nós. Não é que não tenhamos a lógica do mundo não religioso, temos as duas lógicas (a ciência e o que está fora dela, para que ela exista). **Quando** falamos e ouvimos exercemos o movimento do aprendizado que a vida tem sobre nós. **Quando** me vejo aqui e você aí, isso me lembra de que o texto oral mobiliza tanto a mim quanto a você, ir um ao encontro do outro, para falar, para dialogar, lutar politicamente, lutar culturalmente, resistir, e silenciar enquanto o outro fala, ou seja, precisamos viver juntos. Em termos africanos, aquilo que se traduz como comunidade, coletividade e federalismo. **Quando** quiser ser acolhido na fala e na escuta, estamos dançando com as palavras inventadas pelos nossos ancestrais. **Quando** se chora de alegria pelos momentos da vida temos os sinais de nossa mais sincera apresentação ao palco da vida. Ou seja, o conhecimento vivo acontece entre nós. A oralidade é uma forma de dar valor às nossas vidas e ao conjunto dos saberes que estão sobre nós.

Marcelo Cortes

02

MAASAI

O povo **Maasai**[4] vive na África Oriental. Eles podem ter se separado de outros grupos nilóticos, pouco cedo, há mil anos, e mudaram-se para o que é conhecido hoje como os países do Sudão e de Uganda. Essa divisão foi seguida por duas grandes ondas de migração, uma que poderia ter ocorrido há cerca de 300 anos, ou anteriormente,

---

[4] Sobre a tradução: todas essas passagens das palavras em negrito, em todo o trabalho, são de intervenção nossa no texto original; e mudamos também a posição dos parágrafos, em alguns casos. Para tentar deixar a leitura mais atraente, chamativa e elucidada, diante de expressões não usuais em nossa língua, na maioria dos casos.

e a segunda no século XVIII. Esses movimentos migratórios são responsáveis pelos locais atuais de **Maasai** no Quênia e na Tanzânia. Os **Maasai** são principalmente um grupo pastoral de pessoas, embora alguns deles dediquem seu tempo e energia para a agricultura.

Os **Massai** acreditam em um deus supremo, **Ngai** (também chamado de **Engai** ou **Enkai**). Esse Deus supremo é andrógino — ou seja, feminino e masculino. A moradia primordial de **Ngai**, o **Ol Doinyo Lengai**, literalmente "A Montanha de Deus", está localizada no Norte da Tanzânia. **Ngai** criou as florestas, montanhas, planícies e terras altas. Também as forças naturais, como chuva, trovão, seca e relâmpago, como presentes ou punições de Deus.

O Deus **Maasai** aparece em duas manifestações: **Ngai Narok**, caracterizado pela bondade e benevolência, é preta, enquanto **Ngai Nanyokie**, o zangado, é vermelho como os colonizadores britânicos que perturbaram a vida de **Maasai**. **Ngai Narok** está associado ao Norte e preside a chuva, a fertilidade, o Sol e o amor, "expressões" que são importantes; enquanto **Ngai Nanyokie** está associado ao Sul, à uma atitude e ao comportamento vingativo.

Segundo as narrativas míticas de **Maasai**, no começo o céu e a terra eram um. Todos os gados do mundo pertenciam a **Ngai**. No entanto, aconteceu que o céu e a terra se separaram, e **Ngai** e seu gado não estavam mais vivendo na terra. Todavia, dado que a sobrevivência do gado dependia da disponibilidade de grama, **Ngai** decidiu enviar todo gado para os **Maasai**, pedindo-lhes para cuidar dos animais. O gado, descido por meio de uma corda comprida feita de raízes da figueira selvagem, acabou fazendo dessa planta sagrada uma árvore entre os **Maasai**. Essa árvore, conhecida como **oreti** (ou **oreteti**) na língua **Maa**, consequentemente desempenha um papel importante no ritual **Maasai**, pois são cerimônias que conectam os vivos a Deus. Essa conexão foi interrompida quando um caçador de **Descida de Torrobo** (povo vizinho), ciumento do presente de Deus para os **Massai**, decidiu cortar a corda, criando uma lacuna entre o céu e a Terra, e, assim, interrompendo o fluxo do gado de Deus para os vivos.

Grass, a grama, também adquiriu uma grande quantidade de significado e prestígio entre os **Maasai**, bem como um dom de Deus. A grama no punho é um sinal de paz, e também é usada para bênçãos durante rituais. Outro agente bastante importante e comum de bênção está no cuspe. O ato de cuspir. O cuspir em alguém, especialmente nos filhos, é um sinal de reverência e aprovação. Os recém-nascidos são generosamente cuspidos por adultos como uma maneira de desejar-lhes uma boa vida.

Entretanto, o gado, como o dom supremo de Deus para os seres humanos, é o mais sagrado. O gado possui as qualidades de Deus, atesta a grandeza de Deus e a generosidade. Através do consumo de carne e de leite, Deus e os seres humanos se tornam "um outro novo". Assim, comer carne e beber leite, através da recriação dessa unidade primordial, acabam sendo experiências religiosas da mais alta ordem e, bastante previsivelmente, ocorrem nos momentos mais importantes da vida **Maasai**, como nascimento, iniciação e circuncisão, casamento e morte, e em todas as ocasiões críticas como ritos de passagem de uma era para a próxima. Os animais são ritualmente mortos e a carne é abençoada pelos anciãos e compartilhada entre todas as pessoas, sendo comida publicamente.

Além de **Ngai**, que deu todo gado na região do mundo para os **Maasai**, estes últimos também acreditam em espíritos. Cada pessoa recebe um desses espíritos na hora de sua cerimônia de nascimento. O papel do espírito é proteger uma pessoa do mal e do perigo durante a sua vida inteira. Quando uma pessoa morre, dois cenários são possíveis, dependendo de seu comportamento enquanto esteve vivo. Se a pessoa era um membro bom e construtivo de sua comunidade, sua alma será tomada pelo espírito protetor para um lugar bonito, cheio de gado e grama. Se a pessoa era má, sua alma será levada para um lugar deserto, sem água e sem gado.

A figura central da religião **Maasai**, tanto quanto os seres humanos, é o **Laibon** (plural: **Laiboni**). **Laiboni** intercedem entre Deus e os vivos. Eles são adivinhos. Eles organizam e presidem cerimônias envolvendo sacrifícios e ofertas. Eles curam doenças físicas e espirituais. Eles curam doenças físicas com ervas porque o seu conhecimento herval é vasto e amplamente respeitado. Eles enfrentam doenças espirituais com profundidade. Alguns estudiosos sugerem que eles podem ser classificados em três categorias: os **Laiboni** lidando apenas com doenças domésticas, o mundo dos problemas privados; os **Laiboni** preocupados com a guerra, adequados a chuvas e assim por diante; e, finalmente, aqueles **Laiboni** que preocupam-se com questões de importância para a comunidade em geral. Por isso, logo, torna-se um **Laibon** por herança dentro da linhagem de alguém.

Ama Mazama

O cotidiano contraditório

Acho interessante trazer os diferentes costumes e tradições que literalmente dividem nosso mundo contemporâneo. De onde vêm e desde quando que atos semelhantes têm significados tão opostos? Em que momento se distanciaram? E quantos atos tidos para nós como usuais têm significados opostos em diferentes lugares do mundo? O quanto desses costumes e dessas culturas temos conhecimento? Quão benéfico e enriquecedor é derrubar as barreiras da mente para estudar histórias diferentes da nossa, línguas e dialetos desconhecidos. Quantos dialetos que não conhecemos existem no nosso país?

Como notamos no texto anterior, os **Maasai** têm por costume a tradição de cuspir nos recém-nascidos com a ideia de trazer sorte. Imagina uma cena dessas no nosso país, o que não causaria indignação e revolta nos parentes mais próximos do bebê. Aprofundando um pouco mais o exemplo, imaginem um **Maasai** recém-chegado no Brasil e que vai fazer uma visita a esse recém-nascido, e querendo expressar seu contentamento com essa nova vida que chega, dirige-se ao bebê para o saudar da maneira que seu povo de outro continente sabe fazer, até os dias de hoje, usando o seu costume de cuspir na criança para expressar felicidade com a chegada da nova vida. Em contrapartida, os pais da criança enxergariam esse ato como uma demonstração de desprezo e desdém... quão trágico seria o desfecho dessa situação, e somente por falta do conhecimento mais aprofundado do que seria aceitável nessas culturas.

Vimos que um ato tido como desprezível no Ocidente é visto como agradável no Oriente, pelo menos em parte do continente. Seria interessante refletir sobre diferentes pontos de vista. Quantos outros hábitos temos julgado como corretos ou bons, e em outras culturas são vistos de um modo distinto e até oposto, e por quê? Quero deixar essa reflexão para vocês.

Rodrigo Aguiar

03

AMMA

Amma é o deus supremo criador da religião dos **Dogon**, cujos esforços iniciaram a formação do universo, a criação da matéria e os processos de reprodução biológica. A noção de um deus criador chamado **Amma** ou **Amém** não é algo exclusivo dos **Dogon**, mas também pode ser encontrado na tradição religiosa de outros países ocidentais, e em grupos do Norte da África. Pode ser refletido na palavra **Amazigh**, um nome que é aplicado coletivamente aos grupos culturais de caçadores que precederam a primeira dinastia no Egito.

Como outras palavras-chave cosmológicas importantes igualmente aos **Dogon**, temos a palavra **Amma**, que carrega consigo mais do que um nível de significado na língua **Dogon**. A partir dessa perspectiva, pode-se referir ao deus oculto **Dogon**, e, ainda, de outra perspectiva, ele pode significar "agarrar, manter firme ou estabelecer". Entre os **Dogon**, **Amma** é considerado o deus que mantém o mundo firmemente sobre "ele", ou em suas duas mãos, e falar o nome **Amma** é pedir-lhe então para continuar a segurá-lo.

Significados semelhantes também podem ser encontrados em associação com a palavra **Amma** ou **Amém** nos idiomas dos **Mandé** e dos **Iorubá**, também entre os países subsaarianos, pessoas essas que eram aproximadamente contemporâneas do antigo Egito, bem como no antigo hebraico e em línguas gregas. Em *Hieróglifo egípcio no dicionário*, Sir E. A. Wallis Budge documenta a palavra embarcada com/entre esses dois significados sob a pronúncia **Amém**, embora as mais recentes e academicamente preferidas sejam **Altaegyptische Worterbuch**, que define o deus oculto egípcio sob a pronúncia de **Imn**, uma palavra que também é encontrada na língua etíope.

Embora frequentemente referido como masculino, considera-se que a **Amma** simboliza os homens com princípios femininos e, como resultado, é mais adequadamente caracterizado como sem gênero ou de gênero duplo. Esse duplo aspecto do caráter de **Amma** é consistente com os princípios cosmológicos mais amplos da dualidade e o emparelhamento de opostos que são expressos simbolicamente em todas as facetas de **Dogon** como religião e cultura. Também é consistente com os aspectos masculinos e femininos da reprodução biológica que **Amma** simboliza.

A religião **Dogon** é caracterizada como uma religião esotérica. Tradição que envolve tanto o mundo público quanto os aspectos privados. Embora **Amma** possa ser dito para incorporar um grande potencial criativo, ela é de fato considerada pelo experiente **Dogon**, sacerdotisas de atributos pequenos, não vistos a olho nu — tão pequenos que sejam efetivamente escondidos da vista humana —, embora esse detalhe dê o caráter de **Amma**, esse "aspecto" geralmente não é mencionado em público entre os **Dogon**. Essa pequenez percebida como **Amma** é norma consoante ligada com o papel instrumental que ela ou ele diz desempenhar na mitologia, nos processos de formação da matéria e de reprodução biológica.

Talvez a primeira criação importante do deus **Dogon/Amma** foi o universo não formado, um corpo que se diz ter mantido todo o potencial de sementes ou sinais de existência futura. O **Dogon** refere-se a esse corpo como ovo de **Amma** e o caracterizam como uma estrutura cônica, um tanto quadrangular com um ponto arredondado, cheio de coisas não realizadas em potencialidade — seus cantos prefiguram os quatro futuros pontos cardeais do universo por vir. Segundo o mito **Dogon**, alguns impulsos indefinidos fizeram com que esse ovo se abrisse, permitindo que se soltasse um turbilhão que girou silenciosamente e espalhou seu conteúdo em todas as direções, em última análise formando todas as galáxias em espiral de estrelas e planetas. Os **Dogon** comparam esses corpos com bolas de barro lançadas no espaço. É um processo um pouco mais complicado do que a maneira como o Sol e a Lua foram formados, uma vez que o **Dogon** se equipara com a arte da cerâmica. Consequentemente, os sacerdotes **Dogon** comparam o Sol a uma panela de barro que foi elevada ao calor alto.

A **Amma** também é creditada pelo **Dogon** por ter criado a vida na Terra. De acordo com o **Dogon** existe um princípio de nascimento de gêmeos no universo. No entanto, diz-se que a primeira tentativa de **Amma** em sua relação com a Terra falhou, tendo produzido apenas uma única criatura — o chacal. Essa falha é vista pelos **Dogon** como um quebra de ordem no universo e, portanto, o chacal passou a ser associado ao conceito de desordem e as dificuldades de **Amma**. Mais tarde, tendo superado a adversidade, a semente divina de **Amma** entrou com sucesso e fertilizou o útero da Terra e, eventualmente, produziu o perfeito par de gêmeos, o **Nummo**.

Foi observado por pesquisadores respeitados do mito **Dogon** — como o historiador Nicolas Grimal, em *A História do Egito Antigo* — que existem prováveis paralelos simbólicos entre os principais **Dogon**, personagens mitológicos, e os do antigo Egito. Por exemplo, pode-se argumentar que **Amma** é provavelmente uma contraparte do deus oculto egípcio **Amém**. Também os atributos do chacal e os mitos **Dogon** apresentam paralelos explícitos com o chacal deus do submundo egípcio. Da mesma forma, comparações podem ser feitas entre o canídeo egípcio deus **Sab**, que atua como juiz entre o bem e o mal, e a raposa pálida da tradição **Dogon**, que é encarregada do papel semelhante de julgar entre a verdade e o erro.

Laird Scranton

Verdades moldadas

Gostei e me surpreendi muito ao conhecer a cultura **Dogon**, também chamada de povo das estrelas, pois descobri que tem uma história da criação do mundo extremamente interessante e muito rica. Na história da criação, esse povo trata de biologia, de fecundação certa e errada e suas consequências, trata da Terra no gênero feminino e fértil. Um ponto muito fantástico a salientar é o relato do processo de criação do universo: Deus, aqui na figura de um artesão, moldou com argila uma forma circular, e esse "vaso" redondo de argila explodiu dando surgimento a todo o universo existente. Essa história tem sido contada há muitos séculos antes de Georges Lemaitre propor a Teoria do Big Bang. Os **Dogon** falam ainda do Sol e da estrela Sírius, estrela essa que é muito mencionada na história do Egito.

Lembrando que estamos falando de um povo muito afastado de qualquer tecnologia, e que na época não existia nada que pudesse dar asas à imaginação de modo tão preciso como aconteceu, precisão essa que não pode ser tratada como mera coincidência. Assim, novamente vem a questão de até que ponto a nossa história ocidental é realmente autoral ou somente roubada das culturas orientais e reescrita de modo convencional ao Ocidente? Por que nos limitamos e aceitamos sem questionar os conceitos impostos como corretos pelo eurocentrismo e pelo cristianismo?

Quantas culturas riquíssimas como a cultura **Dogon** ainda estão por se descobrir? Quão empenhados estamos para abrir os olhos e ver o que tentam nos esconder? Já refletiram o tamanho do horizonte que está por se abrir à nossa frente? Devemos sim nos questionar sobre nossa percepção de mundo e de existência, e por que querem nos impor mentiras há tanto tempo? Qual o medo deles? E por que mentiras existenciais tão profundas? Que riqueza eles querem para eles que são capazes de alterar os pilares do mundo moderno?

Rodrigo Aguiar

04

KIMBUNDU

Os **Kimbundu** são um grupo étnico histórico encontrado no país de Angola. Colonialistas europeus frequentemente os chamavam de **Mbundu** do Norte, contudo, eles preferem ser chamados pelo termo **Kimbundu**. Sua área de concentração é em uma ampla faixa angolana nas províncias de Malanga, Cuanza Norte, Bengo, Cuanza Sul e Luanda. Conhecidos por seu alto desenvolvimento cultural, os **Kimbundu** acreditam no exercício de todos os esforços para manter a comunidade.

De acordo com suas tradições orais, os **Kimbundu** estão na mesma área há mais de 2 mil anos. Existem alguns relatos de que eles migraram para essa área durante os anos 1400 (d.C.), mas essa última conclusão é provavelmente o resultado de suas interações com os portugueses. Em outras palavras, porque sabemos que os portugueses os conheceram em seu território atual, eles disseram então que os **Kimbundu** tinham que ter vindo de outro lugar, pois os europeus tinham desenvolvido um argumento elaborado em torno da migração da África do Leste para o Sul. Claro, os portugueses vieram para Angola como comerciantes, missionários e conquistadores, isso durante o século XV, dessa forma, descobriram lindamente a articulação artística, cerimonial e cultura criativa do **Kimbundu**. Relacionado de maneira política e social ao **Ndongo**, a cultura **Kimbundu** coloca um monte de ênfases nas relações familiares e ancestrais, nas responsabilidades comunitárias e no mundo espiritual.

Sendo um dos grupos que lutaram contra os portugueses para impedir o tráfico de escravizados, os **Kimbundu** estabeleceram um registro de resistência contra a conquista e o comércio de escravizados que durou mais de 100 anos.

Eles finalmente sucumbiram aos portugueses em 1671. Depois, naquela época, algumas pessoas **Kimbundu** adotaram muitas das maneiras (culturais) dos cristãos europeus.

Os portugueses continuaram a diminuir o número dos **Kimbundu** através das guerras do comércio de escravizados. Muitos **Kimbundu** foram levados para as Américas e forçados à escravidão. De fato, a administração colonial portuguesa de Angola "beneficiou" os senhores de escravizados e estabeleceu um inferno na Terra para os **Kimbundu** e outros grupos étnicos. Quando a resistência começou a ficar séria contra os portugueses, foram os **Kimbundu** que formaram a base para o núcleo do *Movimento Popular para a Libertação de Angola*. Eles foram capazes de forçar os portugueses a saírem de seu país em 1975.

Como outras pessoas da África, os valores espirituais do **Kimbundu** foram prejudicados pela necessidade de pessoas postas para se defender contra as invasões do Oeste. Embora mantenham um forte senso de relacionamentos entre si e com os seus antepassados invisíveis, eles estão competindo com os remanescentes dos conquistadores coloniais pela sobrevivência de sua cultura. Apesar disso, eles conseguiram com isso adicionar palavras aos idiomas ocidentais como: canário, gorila, chimpanzé, "boogie", bongo, "funky", marimba, mojo, gumbo, zebra e zumbi.

Molefi Kete Asante

Raízes da resistência

Impressionante como lutas de milênios atrás ainda são assuntos recorrentes até os dias atuais. Um povo que luta para manter sua cultura há mais de 2 mil anos, uma cultura que falava de responsabilidade comunitária há séculos atrás, que travou uma guerra de mais de 100 anos, resistindo com todas as forças ao regime de escravidão, uma luta digna de ser glorificada e tida como exemplo para o nosso povo e para nossas crianças nos dias de hoje. Por que histórias assim não estão nos livros de escola? Por que a sociedade não quer que tenhamos conhecimento do nosso espírito milenar de resistência? São perguntas como essas que devemos nos fazer a todo tempo. E depois de termos esse conhecimento o que vamos fazer com ele?

Não devemos tomar como exemplo somente nossa história de guerra, mas acredito que mais significativo que isso é pensar na importância que os **Kimbundu** deram para manter sua cultura e sua essência, sua tradição, seu espírito de coletividade. Vale salientar que os portugueses, por volta de 1500, encontraram os **Kimbundu** no local onde eles estão hoje em dia, e isso demonstra a dimensão do respeito e comprometimento que eles sempre tiveram e sempre terão pela sua ancestralidade e sua essência, não abrindo mão do seu lugar físico na África há mais de 2 mil anos.

Além disso, tem a dimensão do retorno à responsabilidade comunitária que eles exercem há milênios na sua cultura. Esse assunto hoje é muito defendido pelo povo negro do Brasil, e deveria ser uma característica mais abrangente do nosso povo, não somente no coletivo de pessoas, mas na proposta de trabalhar um coletivo focado em ideias e projetos para que nossa história e essência não sejam apagadas. Então, temos o exemplo aqui, que mostra que isso pode ser feito e realmente o foi.

O que podemos aprender a partir desses exemplos milenares de resistência e respeito que tem o nosso povo? O que podemos trazer para nós hoje?

Rodrigo Aguiar

05

SWAZI

Os **Swazi** são um povo de língua **Nguni** que vive no Sul da África, entre outras pessoas **Bantu**. Acredita-se que os **Swazi** tenham se originado no Leste da África, mudando-se dessa área durante a grande expansão de **Nguni** para o Sul até a presente localização. Eles atravessaram o rio **Limpopo** e se estabeleceram em uma área chamada **Tongaland**, que agora é Moçambique. O líder dos **Swazi** nesse tempo era **Dlamini**, que se tornou um dos lendários líderes do povo. Seus descendentes estabeleceram uma dinastia que durou mais de dois séculos.

Eles moravam perto do povo **Ndwandwe**, outro povo de língua **Nguni**, até que interesses econômicos e comerciais [valores ocidentais][5] os colocaram em conflito, e os **Swazi** se mudaram para sua nova área, criando um reino bastante complexo com base em suas tradições antigas.

As tradições dos **Swazi** introduzem questões na criança/jovem logo após o seu nascimento. Quando uma criança nasce, plantas e pêlos de animais relacionados ao clã da criança são recolhidos e colocados em uma pilha de fogo, e o bebê é forçado a inalar a fumaça como forma de protegê-lo do perigo e da doença. Todas as crianças são associadas à organização de grupos etários, e os meninos são colocados em regimentos de guerra e tributo de equipes de trabalhos, que são chamadas para trabalhar para o rei quatro vezes por ano.

No cerne da vida comunitária dos **Swazi** temos os elogios em forma de canto e poesia. Quase todo evento evoca um poema ou uma canção de louvor sobre uma pessoa ou fenô-

---
[5] Expressão nossa que não faz parte do texto, apenas usamos esse arremedo para melhor compreender essas relações que, no caso, pensamos ser pertinente contextualizar.

meno. Outras artes, como cerâmica e escultura, são menores em escala na sua cultura. O louvor geralmente emprega o sobrenome de uma pessoa porque todo sobrenome tem um corpus de elogios que estendem o nome. Pode-se usar os nomes de louvor depois de indicar o sobrenome. Por exemplo, pode-se dizer **Dlamini** e depois adicionar **wena wekunene** (você da direita), **wena weluhlanga** (você do junco) e **mlangeni lomuhle** (lindo do Sol).

O louvor é um destaque durante todos os casamentos. Todavia, para se casar, um homem deve fazer mais que poesia — ele deve pagar **lobola**. O casamento entre os **Swazi** depende de **lobola**, que um homem dá para a família da noiva. Geralmente, o homem paga a família da mulher com gado.

Toda família é conectada aos antepassados por rituais e cerimônias. Quando uma pessoa morre, ela é enterrada na **herdade** para demonstrar seu relacionamento com os membros vivos da família. Somente reis e altos membros da família real estão enterrados em cavernas de montanhas longe da **herdade** da família. Entretanto, os rituais de purificação ocorrem para todos os mortos membros da comunidade, sejam eles enterrados longe ou perto. Os **Swazi** acreditam que esse ritual é necessário para limpar a comunidade da contaminação de morte.

Quando os **Swazi** adoram, eles honram deidades criadoras e os espíritos dos ancestrais que lidam com os assuntos cotidianos comuns dos seres humanos. As pessoas geralmente sacrificam animais e servem cerveja para homenagear os antepassados. Toda experiência religiosa está relacionada à medicina, porque os **Swazi**, em sua cultura, existem para uma relação integral entre os antepassados e a saúde. Curandeiros tradicionais, **inyanga**, usam fitoterápicos e também trabalham com **sangoma**, adivinhos, que geralmente são do sexo feminino, para descobrir a causa de problemas sociais ou físicos. **Umtsakatsi** são indivíduos que estudam o uso de fenômenos naturais e que podem aplicar seu conhecimento de maneira prejudicial.

A cultura **Swazi** mostra evidências de migração e integração durante o contato com vários outros grupos étnicos, mas mantém com o clã dos mais velhos fundadores, através de suas ligações genealógicas intactas, um apego notável aos seus ancestrais, valores e tradições.

A árvore da família real colocou **Dlamini I** como o importante fundador do povo **Swazi**. Reis que vieram atrás dele, em ordem de sucessão, incluem **Mswati I, Ngwane II, Dlamini II, Nkosi II, Vuso I, Magudulela, Ludvonga, Dlamini III, Ngwane III, Ndvungunye, Sobhuza I, Mswati II, Ludvonga II, Mbandzeni, Ngwane V, Sobhuza II**, e o atual monarca reinante, **Casamento III**.

Diz-se que o rei **Ngwane III** é de especial importância na história dos **Swazi** porque foi ele quem deu à nação um de seus nomes. Quando seu povo começou a se estabelecer nos dias atuais na Suazilândia, eles chamaram de **kaNgwane** (o lugar ou país de **Ngwane**). O nome **kaNgwane** permaneceu até os dias atuais e é o único pelo qual o povo **Swazi** costuma se chamar.

A tradição **Swazi** estabelece que o rei e sua mãe devem reinar juntos. Assim, em qualquer dado tempo, há um rei e **Indlovukazi**, e duas sedes ou residências reais. A residência dos reis é a sede administrativa, e é aqui que os negócios diários do rei são realizados.

A residência dos **Indlovukazi** é conhecida como **umphakatsi**, e é a capital nacional e o lar espiritual/cerimonial da nação. Isto é, onde acontecem todos os eventos nacionais importantes, como **A cerimônia de Incwala**. A presente capital nacional é **Ludzidzini**.

A mais antiga rainha conhecida a quem podemos juntar anos ao seu reinado é **Layaka Ndwandwe**. A linhagem da rainha no reino é a seguinte: **Thaka Ndwandwe**, olhando para você, **Jezabel** levante-se, **Tsandzile Ndwandwe**, **Sesile Khumalo**, **Tibati Nkambule**, o grande **Farol Mdluli**, **Lomawa Ndwandwe**, **Nukwase Ndwandwe**, seguindo senhora oradora, **Deliwe Shongwe** e a atual rainha, **Filha Twala**.

Molefi Kete Asante

O que pode corresponder hoje ao que chamamos de clã na África? E em tempos de doenças sociais?

Lendo a história dos Swazi podemos ver uma coisa. Quando pensamos em reinos europeus isso significa uma obra importante e uma tradição bem elaborada, já quando esses mesmos formatos de sociedade são africanos, esses mesmos modelos são considerados atrasados. Ou seja, um **clã** ocidental é sinônimo de solidariedade e na África esse mesmo **clã** se torna sinônimo de ingenuidade.

Mas vamos entrar em outra porta agora. Uma cultura como os Swazi acaba nos mostrando outros caminhos, a ideia de "**família**" para eles se constitui como uma vida maior. Ligado aos problemas reais do nosso momento, e o que corresponde à concepção de **clã**, pode-se ver como uma condição de grupo que faz da liberdade um ato de solidariedade. No atual momento em que vivemos, devido aos vários caminhos problemáticos que foram criados por nós mesmos, essa situação tenciona uma posição inovadora e importante. A humanidade parece ter que inventar outras formas de vida, novas formas de vida em sociedade. As pessoas já vivem mais próximas de uma espécie de **clã** do que em torno da **família** propriamente dita, e isso não dispensa a nossa tradição vinculada à ideia de **família**, mas a amplia e a dignifica.

O compromisso que envolve a ideia de **clã** nos coloca mais próximos aos objetos que a **família** tenta estabelecer, pois a **família** muitas vezes acaba excluindo outras formas de vida. Por isso, temos uma tristeza que reina em suas relações, já que esse ajuste não pode ser feito por amigos, relações de trabalho, amigas e tudo aquilo que envolve uma afinidade sincera e uma identificação que fornece um viver juntos em nome de algo. E, se essa vontade do **clã** entre "estranhos" acontecer, a cultura da **família** não deixa essa prosperidade se desenvolver, e isso é efetuado geralmente não por valores superiores, mas práticas baixas como a inveja, a ganância, a arrogância e o ciúme, que são muito bem disfarçados em nome dos interesses da **família**.

Situações essas que o novo **clã** que nasce depois do século XXI transforma. Por exemplo, as relações virtuais, as operações sociais de luta e resistência contra as doenças do capital, colocando muitos instrumentos para tal e desenvolvendo um afeto aberto, pois a humanidade é mais um **clã** do que uma **família**, e essa noção implica dizer que os animais também fazem parte desse **clã**. Por outro lado, as doenças têm várias formas: econômica, do meio ambiente, da natureza, social e política.

Damos uma resposta a tudo isso a partir do momento em que traduzimos a noção de **clã** como sendo então um afeto aberto. Talvez seja um bom nome esse, de "afeto aberto", para traduzir-se como amparo que coloca a necessidade da palavra **família** ser substituída por uma noção de **clã** em nossos tempos, para se distanciar da ideia de oligarquia que se justifica sobre a noção de **família**. Esse ato é um ente contra a sociedade que precisamos construir, devido ao fato de carregar todos os tipos de doenças físicas e políticas que a sociedade das **famílias** produziu, ou seja, suas contribuições negativas, por assim dizer. Existe um tipo de solidariedade que tanto apreciamos que sempre soubemos que não vem da herança das relações sociais entre as **famílias**, mas sim é filha da noção africana, que no fundo foi condenada por todos aqueles meios de opressão que funcionam muito bem contra ela. Mas é hora de mudar, as questões de gênero e tantas outras aos poucos alimentam essa narrativa. Uma senhora com os seus trabalhos comunitários, morando sozinha em uma comunidade, nos ajuda a entender muito bem essas relações. Isto é, do tipo de **clã** "politizado" que estamos falando.

Marcelo Cortes

06
ABUK

Abuk é o nome da primeira mulher do mundo de acordo com o povo **Dinka**, do Sul do Sudão. Os **Dinka** acreditam que o criador fez **Abuk** e **Garang**, o primeiro homem, feito da argila rica do Sudão. Após serem criados, **Abuk** e **Garang** foram colocados em uma panela enorme. Quando o criador abriu a panela, o homem e a mulher estavam totalmente formados como seres de boa aparência, exceto a mulher que era pequena, muito menor que o criador. Portanto, **Abuk** foi colocada em um recipiente cheio de água. Ela foi deixada lá por um tempo, e então quando ela tinha inchado, como uma esponja, do tamanho de um ser humano comum, o criador ficou satisfeito.

No entanto, **Abuk** e **Garang** receberam apenas um grão por dia para comer, por isso eles sempre estavam com fome. Logo, **Abuk** usou sua inteligência e esperteza para fazer o grão diário se tornar uma pasta que dura mais no tempo. Ela também decidiu que levaria um grão em dias alternados, e que o sacudiria para que pudesse plantar grãos. Ela, fazendo esse trabalho, se tornou a fonte de todo grão.

Embora esse seja um mito histórico com real poder na explicação da origem de **Dinka** na sociedade, a ideia também está presente na vida das pessoas. De fato, os **Dinka** representam **Abuk** como uma serpente. Seu animal favorito é uma cobra pequena, e sua representação seria uma cobra que fala e significaria o conceito de frieza e inteligência, que está associado com as mulheres em muitas culturas africanas. **Abuk** é importante na cultura **Dinka**, tanto que ela tem a responsabilidade de cuidar de todas as mulheres, crianças, fertilidade, crescimento de árvores, plantas, e produtividade da colheita. Além do mais, o fornecimento de água é de responsabilidade da **Abuk**, portanto, as mulheres são conhecidas como detentoras da água. Os homens vão aos rios buscar água e são responsáveis por garantir que a família tenha um bom suprimento de água. **Garang** é colocado no comando de todo o resto.

Evidente que com tantas responsabilidades **Abuk** certamente iria colidir com algo para poder carregar suas responsabilidades. Ela decidiu, então, plantar mais culturas para ter mais comida para comer. Assim, ela e **Garang** plantaram mais grãos e tentaram ter cuidado para não prejudicar a terra ou criar problemas com o criador que vivia no céu. Quando **Abuk** pegou uma enxada de cabo longo que alcançava os céus e começou a cavar na Terra, o cabo da enxada atingiu acidentalmente o criador.

Naquele momento, o criador se retirou da Terra por causa da ofensa e enviou um pequeno pássaro de cor azul chamado **Atoc** para cortar a corda em que os humanos costumavam subir ao céu. O criador, em seguida, deixou a vida comum dos seres humanos porque o mundo tinha sido estragado pelas ações das mulheres e dos homens. Tudo mudou. Agora há doenças, morte e problemas na Terra, como resultado direto da separação do criador do povo da Terra.

Contudo, os **Dinka** honram **Abuk** como a primeira mulher, e veem nela a criação e origem de todas as suas tradições. Como a primeira mulher e a primeira mãe, ela é comemorada nos festivais e rituais dos **Dinka**.

Molefi Kete Asante

A Mulher Negra

Ah, a mulher... Quem nunca se pegou pensando na origem dessa fortaleza chamada mulher? O quanto de poder que guarda uma mãe em seu subconsciente que vem à tona em situações que expõem seus filhos ao perigo?

Acompanhamos durante a leitura das linhas anteriores que, segundo a crença do povo Dinka, a mulher teve a oportunidade de voltar ao seu desenvolvimento perfeito em virtude de o criador ter notado diferença na complexidade física em relação ao homem. E que bom que assim foi! Essa leitura me leva a crer que, muito além da complexidade física, a mulher foi aprimorada em seu desenvolvimento interior, intelectual. Somente a partir desse pensamento consigo ter explicações plausíveis para a fibra, a persistência, a resiliência e a força das mulheres, e a partir daqui direciono minha reflexão à realidade que tenho mais contato, principalmente da mulher negra.

Desde o momento em que passamos a compreender a complexidade e a opressão que o sistema racista estruturado em nosso país nos impõe, temos ao nosso lado o afago e a sabedoria de uma mulher que, desde a "descoberta" dessa nação, sofre com todos os tipos de abuso de seus direitos e está ali para nos orientar compartilhando a experiência de suas lutas diárias.

Letiere Rodrigues

07

NKULUNKULU

O nome **Zulu** vem da divindade suprema que é **Nkulunkulu**, literalmente o "antigo". **Nkulunkulu** é pensado para ser o criador ou a primeira causa de todas as coisas que existem. Ele ensinou ao **Zulu** como plantar o milho, como fazer fogueiras com pedaços de madeira, como fazer o ferro e como usar erva para a medicina. Na verdade, ele foi quem nomeou todos animais e árvores, e nada vem a existir sem a energia de **Nkulunkulu**. Para indicar a posição fundamental que **Nkulunkulu** ocupa na sociedade, os anciãos **Zulu** chamavam essa divindade por vários nomes. Um dos nomes mais honrados de **Nkulunkulu** é **Mvelinquanagi**. Esse nome é para uma grande divindade altiva, e significa que ela vem primeiro, que não há quem veio antes dela. Então, os **Zulu** são objetivos e expressivos quando dizem que **Nkulunkulu** é **Uthlanga**, o lugar onde a vida começou e do qual todos os humanos se separaram, o que significa que não vieram de qualquer outro lugar possível. A questão da origem de **Nkulunkulu** é desconcertante porque a resposta geralmente dada pelo **Zulu** implora uma pergunta. Por exemplo, um ditado é que **Nkulunkulu** veio de uma cama de junco, mas a questão é: de onde se originou a cama de junco?

Como criador de coisas para humanos, pensa-se que **Nkulunkulu** tenha feito todas as coisas boas porque **Nkulunkulu** pode apenas criar o bem. Nesse sentido, **Nkulunkulu** é como muitas divindades africanas, ou seja, suprema, que se pensam terem sido feitas pelo e apenas para o bem. Outra palavra usada em conexão com **Nkulunkulu** é **Usondo**. Existe a crença que **Usondo** significa "aquele que surgiu primeiro de **Nkulunkulu**" ou, mais precisamente, "o primeiro". Esse nome é usado no final das declarações que contêm ideias filosóficas ou éticas dos **Zulu**. O orador terminará a declaração com um aceno para **Usondo**. As pessoas chamam as chuvas de "**Chuvas de Usondo**", e eles falam dos **harves** como "**a comida de Usondo**". Nada na criação pode escapar da ideia de **Usondo** porque é o coração de origem. Todos **Zulu** são essencialmente as crianças que vieram após a quebra da existência por **Usondo**. Eles dizem que **Usondo** veio de **Unthlanga** e todos os ancestrais **Zulu** vieram de **Usondo**. A palavra **Unthlanga** significa "Grande Pai". Obviamente, essa é uma referência original da criação do povo. Mas **Nkulunkulu** é lembrado por ter ido abaixo do mundo para viver uma vez que os humanos foram criados, e, portanto, ele não pode ser visto. Por que **Nkulunkulu** não pode ser visto? Não há imagens, santuários ou sacerdotes para ele, não há como rastreá-lo e, portanto, seu trabalho é assim feito.

Entre os **Zulu** acredita-se que o mal tenha se originado quando um humano desobedeceu a **Nkosi**, o senhor do céu, e **Nkosi** ficou tão bravo que sua raiva literalmente o devorou. De acordo com essa história, o senhor do céu ficou com raiva e expulsou ambos, o homem e a sua esposa, do céu. Isso criou a raiva, e a raiva criou a dor. Os **Zulu** distinguem entre raiva moral e imoral. A boa raiva é uma resposta às violações da ordem moral, apoiada na comunidade. Depois que a pessoa tiver reparações oferecidas pela violação, é apagada do registro de **Nkosi**. A raiva imoral é como o mal encarnado e tem o propósito de aniquilação. O problema do mal existe em relação ao supremo da divindade, mas é um problema humano trazido à existência por alguma ação por parte da humanidade. Assim, a resolução do mal é alcançada quando os humanos reconhecem seus erros e redefinem a harmonia universal dada pela suprema divindade.

Nkulunkulu, embora seja conhecido por ser o criador, deixa os antepassados e os espíritos ordenar e administrar a sociedade. Antepassados altamente venerados são chamados em tempos difíceis. Para crianças, famílias, comidas, animais e abrigo. Porque a família ancestral é o primeiro vínculo de comunidade, os **Zulu** olham para faixas etárias e linhagem de grupos de assistência em primeira instância. Eles fazem sacrifícios ao **issitoota** ou **amatongo**. Esses são os nomes dos antepassados venerados. Qualquer coisa prejudicial pode ser atribuída a um ancestral que não está feliz com algo que foi feito pelos vivos.

Pensa-se que, de tempos em tempos, **Nkulunkulu** se comunicou com seres humanos através do mito. Nada existe sem a intervenção do criador, porém o criador não precisa trabalhar constantemente. **Nkulunkulu** apresenta uma ideia e depois essa ideia tem uma vida própria. Por exemplo, a morte é explicada através de uma história em que **Nkulunkulu** enviou **Chameleon** para a Terra com uma mensagem dizendo que humanos não morreriam. Mas antes que ele chegasse ao povo, **Chameleon** parou para comer frutas. **Nkulunkulu** ficou com raiva e enviou **Lizard** com uma mensagem para a humanidade que dizia: "que os humanos morram". O lagarto chegou à Terra e à humanidade antes de **Chameleon**, e entregou a mensagem que

Nkulunkulu havia decretado — a morte. Talvez ele ordenou que os humanos fossem mortais? Essa história mítica tem muitas contrapartes na história dos **Zulu**, mas o ponto principal é que **Nkulunkulu** é a conexão do **Zulu** com a criação. Outros conceitos míticos são desenvolvidos ao longo da mesma linha, o primeiro uso ou a primeira ocasião se torna um padrão para todos os outros casos. Fundamentalmente, **Nkulunkulu** serve como a mais antiga ideia no mundo **Zulu**, porque antes de **Nkulunkulu** não havia nada.

Molefi Kete Asante

Morremos quando demoramos

Demorando diante desses significados podemos orientar uma direção à morte. Não precisa morrer para estar morto. A morte não é uma libertação; é somente para aqueles que viveram como libertários, na conexão com o positivo sem deixar de operar o negativo.

Na medida em que não prestamos atenção no mundo à nossa volta entramos no mundo pelo viés da morte. Muitas pessoas somente existem é a lição. Enquanto permanecermos quietos, vivendo um tipo de quietude que se alimenta falando, falando, falando sem entender nada à nossa volta, assim, criamos todas as condições para morrermos. As pessoas negras vivem em uma dimensão que um ato de demora se torna o começo de sua morte. Nós negros, pretas, precisamos estar mais atentos porque demorar aqui significa viver uma vida que se estrutura como condição da morte sobre nós. É como **Nkulunkulu** anunciou em uma mensagem para a humanidade que dizia: "que os humanos morram".

Demorando a entender a sociedade em que vivemos é o fundamento principal para nossa exclusão das coisas do mundo. **Demorando** a se descobrir negro, e depois preta, é o motivo pelo qual o sistema apela sobre nós. **Demorando**

a olhar para o nosso passado neutralizamos rapidamente nosso futuro.

A vocação de nossas vidas depende de quanto tempo desperdiçamos **demorando**. Por exemplo, o nome **Zulu** vem de uma divindade suprema que é **Nkulunkulu**. Um ditado filosófico é que **Nkulunkulu** veio de uma cama de junco, mas a questão é: de onde se originou a cama de junco? Nesse sentido, sobre essas perguntas, temos então uma filosofia africana, assim, não podemos demorar para isso, ou seja, demorar em reconhecer a riqueza de nossa cultura.

Sabemos que se existe Sócrates, aquele famoso filósofo grego, quem seria ele sem o oráculo (a divindade a quem ele se dirigia e consultava)? A pergunta que é feita aqui também pode ser apontada como uma pergunta similar à história da lógica no Ocidente: se deus existe, quem o criou? Pois bem, na África temos reflexões e perguntas semelhantes sobre a origem das coisas. Digamos, **Nkulunkulu** veio de uma cama de junco, mas de onde se originou a cama de junco? Contudo, muitos acham que devido a isso temos que ser rápidos. Rápidos em quê? Rápidos em assimilar um mundo que não é nosso?

Não podemos demorar para lutar em nome dos nossos direitos e pelas causas que criem direitos, já que nem todos os seus/nossos direitos foram criados como condição negra e preta no mundo. **Demorando** estamos condenados a essa mesma vida, e ela não é suficiente. Porém, correr ao ritmo imposto vai fazer nós morrermos também. Mas **demorando** estamos vivendo na morte enquanto pretas e pretos.

Marcelo Cortes

08

NOMMO

Na África Ocidental, o povo **Dogon** do Mali acredita que o conceito africano de **Nommo**, o poder da palavra falada, carrega uma energia que produz toda a vida e influencia todas as suas dimensões, um destino com a nomeação dos nomes de crianças até sua vida adulta. Entendida por humana, essa expressão, ou através da palavra falada, diante desse humano os seres podem invocar um tipo de poder espiritual.

Nommo, o poder generativo da palavra falada, é a força que dá vida a tudo. Isso está presente em todos os lugares e traz à existência tudo que é visto e invisível. Além disso, os **Dogon** acreditam que os humanos têm poder sobre a palavra e, assim, podem direcionar a força da vida. Toda criação humana e seus fenômenos naturais emanam do poder produtivo da palavra, isto é, **Nommo**, que é uma força vital.

Nada acontece na sociedade humana sem o **Nommo**. É como uma mágica, de maneira geral, mas isso não é estranho para o **Dogon**, porque em seu pensamento toda magia é, em última análise, a mágica na palavra. Nesse sentido, isso se torna uma verdade se a palavra se manifesta em encantamentos, bênçãos ou maldições. De fato, se a palavra não existir, todas as forças seriam suspensas, não havendo procriação e, portanto, não haveria vida.

Embora o conceito de **Nommo** seja mais identificado com o **Dogon**, pode ser encontrado nos textos antigos africanos com a mesma ideia de usar palavras para transmitir uma energia, para mudar formas e condições, e, obviamente, para facilitar o trabalho. É possível ver isso na ideia clássica de abrir a boca dos deuses, empregando certos cantos e encantamentos, situação que um padre pode ter, sendo capaz de ativar a divindade. Para os antigos egípcios, **Hu-sia**, como **Nommo**, era o poder da palavra falada. Ambos os conceitos, **Nommo** e **Hu-sia**, estão ligados ao princípio ético **Maat** (verdade, honestidade, justiça, ordem, harmonia, equilíbrio e reciprocidade) em sua manifestação como defensor do caos. **Maat** forneceu aos antigos egípcios um valor sistemático para viver, e o discurso particular dos sacerdotes abriu os mistérios espirituais para as pessoas. Os antigos egípcios acreditavam que a natureza da **Hu-sia** era trazer entendimento e esclarecer declarações brilhantes que criaram e sustentaram a comunidade. Assim, foi o precursor da ideia de **Nommo** encontrada no sistema espiritual do **Dogon**.

Nommo pode ter manifestações diferentes enquanto enunciados, dependendo da fonte da palavra. O discurso comum e o não comum são o mesmo que o especializado, o conhecedor e o sagrado. Porque todas as palavras faladas têm um poder próprio, o discurso comum também é dinâmico e criativo. Todas essas situações são transformadas pelas palavras faladas. Na medida em que o criador é a fonte de todas as palavras, no entanto, **Nommo** é originalmente "um com deus". Como tal, ele é uma forma espiritual, e uma vez que os seres humanos expressam a palavra falada eles estão usando, portanto, porções do deus em sua energia.

Falar com poder é criativo e transformador. É por isso que os **Dogon** acreditam que comandar as coisas com a palavra é uma prática mágica. O poder da fala pode determinar o quão fascinante e energizada uma "sessão solene" será. Mas, de certa forma, o poder ainda mais colocado pela pessoa que está falando a palavra, ou seja, praticando o **Nommo**, está no núcleo transformador de qualquer discurso oratório. Dentro do senso da fala diante do público o **Nommo** é notavelmente presente em enunciados poderosos que são baseados nos princípios **Maat**.

A moralidade é a principal consideração para a oratória africana e o discurso público. O poder de **Nommo** parece ser proporcional ao caráter moral de um falante, e não apenas à habilidade oratória da pessoa. Assim, em uma oratória a situação se coloca assim: é imperativo que o falante use a criatividade para apresentar a palavra dentro do personagem do discurso ético.

Por fim, digamos, a harmonia espiritual é o objetivo da expressão humana dentro da cosmovisão africana. A conquista da harmonia é o objetivo de todos os participantes quando a comunidade é chamada, unida por uma causa comum. **Nommo**, através da palavra falada, é um instrumento poderoso que é evidente de várias maneiras. Aborda questões profundas e circunstâncias da vida. Além disso, o falado da palavra cria relacionamentos humanos que trazem transformações sociais. A palavra, em um sentido africano, é a força sagrada da vida e acaba criando a realidade para o povo africano. A preeminência de **Nommo** é uma característica cultural definidora do povo africano.

Embora seja verdade que a cultura africana tenha criado a linguagem escrita e falada, começando com a origem da escrita por volta de 3500 a.C., é na linguagem falada, muito antes na história, que reside o fato de o **Nommo** continuar sendo um importante conceito na cultura africana, já que está relacionado ao processo produtivo da força da fala. Os filósofos entre os **Dogon** acreditam que cada palavra é uma adição ao universo, e adicionando à totalidade do universo a palavra muda a natureza de nossas existências. Nenhuma palavra que sai da boca de uma pessoa pode ser considerada inútil, porque é pelo ato físico do ser falado que criamos a respiração que entra no universo, transformando-o.

Somente a palavra falada pode ativamente envolver o ser humano de maneira pessoal, e essa ação generativa do **Nommo** constitui um novo relacionamento entre o falante e o ouvinte. Nomear na cultura africana também é uma área social em que o conceito de **Nommo**, ou o poder da palavra, está sempre presente. Nomear é um elemento essencial característico da filosofia e das religiões africanas, e nada pode existir sem ser chamado por um nome. **Nommo**, a palavra falada, é fundamental para uma compreensão da família e da comunidade e está na base de todos os nomes. O que não podemos conceber não existe. Todo pensamento humano expresso se torna realidade, em outras palavras, é falado como ser. Uma vez nomeado, ele se move para existência. O poder do **Nommo** através da nomeação cria vida. Além disso, sem nomear a vida seria sem movimento, estática, não haveria possibilidade de desenvolvimento social ou crescimento e nem mesmo uma integração na sociedade humana.

A nomeação, para os africanos, é significativa porque identifica quem eles são e para onde eles esperam subir. Cerimônias de nomeação africanas são sagradas, e cada vez que os pais nomeiam uma criança eles estão explanando sobre o caminho da vida dessa criança, ou seja, como essa criança se verá e como suas esperanças para o futuro do povo africano serão consideradas. O nome vai com a criança como um símbolo enquanto ele ou ela naveg a pela vida.

Na África e em outros lugares onde os africanos estão presentes, todo menino e menina recebe um nome com algum significado. Os nomes são importantes porque muitos acreditam que eles podem afetar o comportamento de uma pessoa. Isto é, o primeiro ato de religião e o ponto em que um recém-nascido, uma criança, se torna um membro legítimo da comunidade. Dar um nome à criança chamando-a em voz alta faz a criança, uma parte dela, ser aceita na sociedade. Muitos africanos acreditam que dar um nome a uma criança tem um efeito psicológico tanto nela como nele. Nomes são descrições para a totalidade de uma pessoa. É na prática do **Nommo**, o anúncio em voz alta do nome, que a energia transformadora é liberada (realizada).

Adisa A. Alkebulan

Dar nome a tudo que está em nossa volta é uma manifestação da África em você

Dar nome ao que está à nossa volta é uma condição humana. Mas, lembramos que quando os europeus dão nome aos seus mundos, dizendo que inventaram tudo à nossa volta, pelo fato de conseguir se apropriar dando um sentido novo a tudo que roubaram dos outros, e que criaram sobre o que os outros trouxeram a eles, e com isso, por isso, se acham originais a tal ponto de serem diferenciados — e se sentirem autorizados a fazerem o que fazem.

Dar nome para lembrarmos quem foram os povos que inventaram a melhor ciência, a melhor religião, a melhor democracia e tantos outros recursos maravilhosos, esses atos, às vezes, esquecem por meio de que histórias situam-se essas conquistas. Não devemos competir uns com os outros é a questão, ainda mais em termos de povos contra povos. Mas dizemos, por exemplo: no período de 1643 a 1727 temos a história de um grande físico, um divisor de águas, com impacto cultural e científico, chamado Isaac Newton.

Entrando um pouco dentro da história do Brasil, tivemos a exploração do açúcar (século XVII), das minas de prata e das minas de ouro, esta última no século XVIII, que se concentrou na região Sudeste, sobretudo em Minas Gerais. Vamos **dar nome** a essas relações. O que queremos é **dar nome** a uma relação que protesta em nome de uma retaliação, recuperando algo que é nosso.

Isso para que Isaac Newton tenha tempo de ficar sentado embaixo de uma árvore, para quando cair uma maçã em sua cabeça ele esteja atento para produzir um conhecimento sobre esse pequeno fato. Ou seja, **dar nome** aos seus inventos. Diremos que para isso os negros estavam trabalhando no Brasil sob sol e chuva sem descanso, para que essa riqueza colhida em solo brasileiro passe para as mãos de Portugal, para ser entregue, esse tesouro, esse amontoamento, para as mãos da Inglaterra.

Esse acúmulo de riqueza proporcionou a Isaac Newton poder dar nome àquilo que chamamos de gravidade. Ou seja, para Isaac Newton produzir seu famoso livro *Princípios Matemáticos da Filosofia Natural*, temos uma população negra massiva trabalhando para que ele possa produzir seu legado, e isso só foi possível, em parte, devido aos trabalhadores que, escravizados no Brasil, não tinham maçãs caindo em sua cabeça, mas um porrete de ferro que lhes dizia: "não pare de trabalhar"!

Sob essas condições não estaria errado dizer que o que Isaac Newton produziu está em cima do trabalho de meus "avós", e é nesse sentido que isso me pertence (seus legados), não sendo uma propriedade europeia no sentido estrito da palavra, ou, no mínimo, estou recuperando algo que me roubaram (e foi transformado em outra coisa, pelo caráter abstrato da herança, da riqueza e do dinheiro), mas que, para eu não fazer isso, no caso, reconhecer essas relações (como uma mãe que reconhece seu filho roubado em uma maternidade), os ocidentais precisam **dar nome** a isso, digamos, executar nomeações específicas para me roubar mais uma vez. Com essa ação e seus "inventos", passam a existir sem a necessidade de lhe atribuir causas, e por isso nomear se torna uma capacidade tanto de dar poder quanto de tirar poder de alguém.

Aqui o interessante seria notar que o determinismo geográfico seria uma outra nomeação, sendo exercido em seu sentido dominador, macro da questão. E o povo do Mali, Dogon, nesse sentido, ao conceituar o Nommo, nos traduz em filosofia da linguagem africana como essas relações podem ser estabelecidas. Muitas vezes os europeus subestimam outras culturas como se essas não soubessem o que eles estão a fazer. Não interferir não corresponde em não saber o que se passa.

Ademais, muitas vezes, vemos as culturas disputarem ao estilo capitalista todas aquelas virtudes que cada povo e tradição construíram, e, quando é algo que contém adjetivos negativos, aí quem inventou isso vem sempre de fora da nossa cultura. Ao mesmo tempo, diremos que esse debate de quem inventou isso e aquilo é uma discussão que promove uma competição entre os povos, desnecessária, capitalista, "burra" e racista, alimentando um complexo de inferioridade nas pessoas, tanto nas que tentamos "privilegiar" como inventoras, quanto nas que queremos "prejudicar", vistas somente como reprodutoras.

Por isso, **dar nome** a algo pode ser uma forma de nos dar por conta do que está sendo sustentado nessa nomeação, algo que está para além do que ela realmente é. Sabemos que a África é o berço da humanidade pelo simples fato da vida humana ter surgido naquele continente, só isso já daria para responder aos exageros ocidentais quando querem embranquecer tanto a nossa cultura quanto negar a participação de outras culturas que ajudaram até eles mesmos a se descobrirem melhor enquanto cultura.

Como é o caso da contribuição dos árabes, que traduziram parte da cultura grega, nesse sentido, os europeus conhecem sua história submetida ao olhar dos árabes (e ainda outras culturas) e, mais uma vez, só esse fato já serviria para baixarem um pouco a sua bola. E você pode dar nome a isso tudo que discutimos aqui. Faça isso a seu modo, como os Dogon nos sugerem, sem perder a vocação ética dos fatos aqui já discutidos.

Marcelo Cortes

09

OGUM

Ogum é uma grande divindade da África Ocidental (talvez a maior dessa região), cuja história abrange vários séculos e cujo culto estende-se a muitos continentes. Alguns estudiosos sugeriram que **Ogum** pode ser adorado por até 70 milhões de pessoas em todo o mundo, e o número de adoradores de **Ogum** pode ainda estar aumentando constantemente.

Embora possa não ser possível precisar o surgimento da divindade **Ogum**, é provável que se coloque no início da Idade do Ferro e das ferragens atendentes na África. De fato, em sua persona original, **Ogum** é antes de tudo a divindade do ferro e, por extensão, a divindade da guerra e da caça. Embora a fundição de ferro mais antiga possa ter surgido na Nigéria Central, tornando **Ogum** uma divindade **Iorubá** proeminente (**Orixá**), o culto a **Ogum** foi atestado em toda a Costa da Guiné, onde se espalhou desde a antiguidade dos tempos, com santuários de **Ogum** encontrados virtualmente em toda forja, no **Reino de Daomé** (agora a República do Benim). Por exemplo, **Ogum** apareceu como **Gu**, o deus do ferro e da guerra, e ficou em terceiro no panteão **Vodu**, logo após **Mawu** e **Lisa**. Um emblema comum de **Ogum** foi e ainda é um cerimonial feito pela espada. Outros emblemas comuns têm pequenos implementos de ferro, como miniaturas de enxadas, facas, punhais, pás e lanças em colares, pulseiras, roupas ou coroas.

Essa alta e ampla reverência por **Ogum**, deus do ferro, só pode ser entendida dentro de um contexto que define o ferro como significado mais sagrado. O ferreiro se entrega a Deus enquanto está fazendo seu trabalho, que tem, portanto, a marca do divino. Mais convincente, porém, o ferreiro em sua forja replica, de forma simbólica e de maneira metafórica, o ato da criação de Deus do mundo. De fato, o derretimento do ferro em um forno, um símbolo penetrante do útero feminino, tem sido frequentemente associado, em muitas sociedades africanas, à fertilidade, à vitalidade e ao poder criativo.

A reconstituição da criação do mundo e da própria vida através do derretimento e forjamento de ferro em grande parte explica o prestígio duradouro dos ferreiros e, acima de tudo, de **Ogum**, a divindade do ferro. Além do mais, dado o poder civilizador do ferro, Ogum também é considerado a divindade da civilização e da tecnologia. Todos aqueles cuja ocupação está relacionada ao metal, desde agricultores a cirurgiões, como barbeiros, cortadores de cabelo, mecânicos, açougueiros, taxistas, soldados e caçadores, prestam homenagem a **Ogum** como seu patrono.

Muitos festivais são realizados em homenagem a **Ogum**, como **Odun Ogum**, em **Yorubaland**, onde **Ogum** apelou para manter a paz na sociedade. Da mesma forma, as canções de **Ijala** são cantos poéticos **Iorubá** dedicados a saudar e a elogiar **Ogum**. Na África, os personagens de **Ogum** incluem **Ogum Akirim, Ogum Alagbede, Ogum Alara, Ogum Elemona, Ogum Ikole Meji, Ogum Oloola, Ogum Onigbajamo** e **Ogum Onire**. Suas comidas e bebidas favoritas são cães, pombos, caracóis, galos, ovos, giz, nozes-de-cola, banana, inhames, vinho de palma, óleo de palma preto e fio branco.

Ogum atravessou o oceano Atlântico junto com os milhões de africanos que foram forçosamente removidos de sua terra natal durante o comércio europeu de escravizados e a escravidão concomitante de mulheres, homens e crianças africanas nas Américas. Compreensivelmente, o foco em **Ogum** como deus do ferro subsidia, mas se tornou menos acentuado enquanto foi colocada maior ênfase em **Ogum** como o deus da guerra, em um ambiente onde os africanos foram submetidos a muitas crueldades e torturas de todos os tipos, em seu sentido constante. Diante disso, também, uma divindade como **Ogum** tornou-se bastante necessária e significativa. Nesse sentido, **Ogum** está intimamente associado à guerra revolucionária no Haiti, que ocorreu de 1791 a 1804. Diz-se que **Dessalines** e **Toussaint L'Ouverture**, dois dos principais participantes da guerra, serviram a **Ogum** e, por sua vez, foram protegidos e guiados por ele.

Contudo, qualquer que seja sua localização geográfica, essas características comuns são claramente discerníveis. **Ogum** está mais inequivocamente associado à força e ao poder. Ele é fogo e, como tal, **Ogum** pode ser bastante agressivo, direto e poderoso. Por causa de sua energia quente e temperamento rápido, **Ogum** cria e destrói.

Mas **Ogum** também é um líder incontestável que abre novos caminhos e cria novas passagens quando os outros desistem. Esse atributo particular de **Ogum**, como líder, decorre da história antiga de **Iorubá**, de acordo com a qual **Ogum** foi o primeiro orixá a chegar na Terra, levando 401 outros orixás. Para produzir seus implementos de ferro, ele limpou as florestas, criando assim uma passagem sagrada para a terra. Outros o seguiram, enquanto **Ogum** liderou o caminho no mundo.

Ogum é **Ogu** no Haiti. No **Vodu** haitiano, ele gosta muito de fumar charutos e beber rum. Temos um facão firmemente plantado em frente ao altar do **Vodu**, onde permanece o emblema mais distintivo de **Ogum**. Dele no **Vodu** há outros personagens, **Ogu Feray** (ou **Ogu Fè**), **Ogu Badagri**, **Ogu Balindyo**, **Ogu Batala** e **Ogu Shango**, entre outros. No Brasil, "**Ogun**" é **Ogum**. Seus adoradores de candomblé colocam nos altares dedicados a ele pedaços de ferro e objetos de ferro em miniatura, como os exibidos na África, como facas, espadas, pás, e picaretas. Em suma, Ogum continua a desempenhar um papel importante na vida religiosa africana porque seu poder incrível é reverenciado e temido.

Ama Mazama

Todo haitiano no Rio Grande do Sul é Ogum navegando em nossas veias

Há muito tempo me questiono sobre a importância de **Ogum** no Haiti e no Brasil. A revolução haitiana foi um marco na história da América e na história do mundo, sendo em parte apropriada por pensadores europeus de forma relacionada aos seus interesses, como no caso de Hegel. Quando penso nessa revolução me lembro de que não temos nada parecido com ela no Brasil. **Ogum** está relacionado, pelo que tudo indica, ao poder dos que trabalham e estão embaixo, sustentando toda a estrutura, as pessoas mais simples do mundo, elas têm uma força de fazer e acontecer, lutando e resistindo, e por isso nomeamos essa qualidade como **Ogum**.

Uma forma de viver. A espada divide. **Ogum** é um alquimista, faz da teimosia uma virtude, abre novos caminhos e cria novas passagens quando os outros já desistiram ou perderam a capacidade de intervir profundamente no rumo das lutas e das coisas.

Quando vejo os haitianos no centro de Porto Alegre trabalhando de cabeças erguidas e roupas bem articuladas, penso que, muitas vezes, percebemos que os haitianos têm uma postura altiva, colocada com personalidade. Recebemos há um tempo um estilista famoso que disse mais ou menos isso: quem melhor sabe se vestir em Porto Alegre são os haitianos. Se temos coisas para oferecer e ensinar a eles, parece que eles também têm coisas a nos ensinar. Esse retrato que faz os negros do Sul entenderem porque não têm características como essas, apontadas ligeiramente aqui, talvez nos faça pensar sobre o racismo do Sul, o nosso racismo pode ser uma porta aberta a essa resposta. A estima que alimenta seu medo de se olhar no espelho como uma beleza que foi negada. Do tipo "você é bonita e bonito, mas é preta e preto".

Então, temos uma pista, o "racismo gaúcho" precisou inventar tantas mentiras sobre si mesmo em sua origem, posição essa que reforça esses elementos no gaúcho negro. Isto é, quem eram os que trabalhavam para os estancieiros, na mata, na fazenda, na estância, percorrendo essas distâncias com os cavalos? Não era uma classe média, eram escravizados negros, índigenas Charrua e tanto outros indígenas, que podem se reivindicar enquanto gaúchos, no sentido de terem criado todas as ferramentas culturais para isso, ou parte significativas delas.

Até mesmo os espanhóis, por aqui, são mais gaúchos do que um imigrante italiano ou alemão que tende a se autoproclamar, como de costume o fazem, como se estivessem sozinhos nessa construção cultural. Ou seja, foi preciso forçar a barra, contar uma história enviesada, para dar conta de uma identidade a esse dito "gaúcho, branco e brasileiro", sugerindo uma negação dupla (além do racismo por si mesmo [uma] foi preciso criar muitas mentiras a essa identidade quase que paranoica e patológica [duas], para dar sentido à invenção desse dito "gaúcho branco") da cultura negra nesse caso. Sendo assim, temos a imagem de um racismo duplo sobre o negro gaúcho. O "racismo gaúcho". Ogum sabe muito bem que as aparências não libertam ninguém, nenhum negro e preta, como muitos vão esperar que sim. Por isso, **Ogum** faz o ferro e a guerra, e é o que é, e enfrenta o "racismo gaúcho".

Marcelo Cortes

10

ZARMA

Em relação às religiões africanas, os **Zarma** representam um complexo que se cruza entre as retenções de sistemas espirituais africanos tradicionais e os de adoção (forçada) de uma das principais religiões ortodoxas. No caso do **Zarma**, a religião adotada é o **Islã**. Entendendo que a complexidade dessa intersecção é ainda mais exacerbada por causa de uma técnica hegemônica de omitir qualquer discussão detalhada e respeitosa diante da tradição das crenças espirituais africanas ou, na polêmica, codificando as crenças tradicionais em macular os termos e interpretações demoníacas.

Acredita-se que o **Zarma** tenha se originado do país do Mali (**Zarma** também é escrito **Djerma**, **Dyerma**, **Zaberma** e **Zerma**). O povo **Zarma** descende do grande reino **Songhai**, que floresceu nos séculos XIV e XV. Desde aquela época, eles migraram do Mali para viver em partes do Sudoeste do Níger e Nigéria, ao longo do rio Níger. A linguagem do **Zarma** é um dialeto da família da língua nilo-saariana. Tradicionalmente, o povo **Zarma** e **Songhai** vivem como uma família. O **Zarma** deveria ser chamado com mais precisão de **Zarma-Songhai**. Eles, em geral, têm um apego menos estrito ao **Islã** e de muitas maneiras resistiram à plena e completa conversão a ele.

Embora se calcule que 75% a 80% dos **Zarma** seriam muçulmanos e 1% a 2% cristãos, os sistemas espirituais africanos tradicionais servem como a crença de "base" não reconhecida para todos **Zarma-Songhai**. Em geral, as crenças islâmicas dos **Zarma-Songhai** têm usado o sincretismo, misturando-se com as crenças espirituais tradicionais.

Entre os **Zarma**, os rituais e cerimônias islâmicos são centrados na observância de **Ramadã**, que envolve o jejum e o pagamento de esmola para os pobres, e **Tabaski**, também chamado de Festival do Sacrifício, e a celebração do Aniversário do profeta Muhammad. O sincretismo é evidente no ritual da cerimônia do dia de nomeação de crianças que prevalece em grande parte da África, no qual as orações são concedidas ao recém-nascido após sete dias de vida. Esse ritual parece ser um ritual tradicional africano em curso, sem levar em conta o **Islã** ou o cristianismo. A prática dos homens de ter mais de uma esposa também precedeu o advento do islamismo. Embora a prática de poligamia dos **Zarma**, como no passado, esteja associada principalmente a idosos e homens ricos, em seu significado pré-islâmico, permanecendo associada à evolução espiritual, cultural de maturação e aprimoramento familiar.

Os **Zarma-Songhai** acreditam, como a maioria dos povos africanos, que todos os seres vivos têm um espírito conhecível, e que como espíritos humanos as pessoas podem se comunicar de forma direta e profunda com o mundo espiritual. O trabalho espiritual e as reuniões (muitas vezes incompreendidas como possessão espiritual) são práticas comuns que se acredita ter poderes de cura. Os **Zarma**, como outros povos africanos, sabem que os seres humanos vivem entre as diversas forças do meio ambiente ligado àquelas energias da terra que complementam a sociedade humana. Com efeito, as crenças tradicionais dos **Zarma** utilizam e canalizam a força da vida coletiva para reconhecer que essas "forças e ondas" são deuses em movimento (sendo Deus uma expressão do coletivismo social). Os **Zarma-Songhai** acreditam que as diferentes concentrações de energia e substância espiritual têm propósitos diferentes e efeitos diferenciados. Há, nesse caso, por exemplo, o "frio", isto é, espíritos que controlam as forças da natureza e lá se tornam espíritos que controlam as doenças.

Os **Zarma** são um povo que se orgulha de sua herança de resistir às mudanças que estão ocorrendo ao redor deles. A escolha deles de seguir a religião de seus antepassados não é respeitada pelos esforços de proselitismo, ou seja, eles estão sendo energizados pelos missionários cristãos. Os **Zarma-Songhai** estão literalmente sob os ataques de evangelistas cristãos. Isto é, é assumido pelos evangelistas que os **Zarma** são pessoas sem deus. Embora o governo do Níger permita a liberdade de culto, os **Zarma** foram destinados à conversão ao cristianismo. A liberdade missionária dos cristãos para pregar a palavra de Deus anula a liberdade de expressão religiosa por parte do povo **Zarma**. Não mais do que 2% da população **Zarma** abraçou a cristandade. Desses, muitos estão abraçando o cristianismo depois de sentir os efeitos da fome. Os **Zarma** estão dispostos a ouvir a mensagem de Jesus em resposta aos cristãos, que em sua "condicional" generosidade proporcionaram alívio da fome para eles em troca de adoração bíblica.

Vera DeMoultrie Nobles

Palavras iguais que representam coisas diferentes, palavras diferentes que expressam coisas iguais

Interessante seria notar através das palavras como se relacionam as religiões, os povos e a cultura que se deram em lugares diferentes, tendo uma conexão direta e indireta. Quem pode responder melhor sobre isso acredito que sejam vocês, os leitores e as leitoras, fazendo uma reflexão a seu modo.

Carma e **Karma** simbolizam ação sobre uma situação, as escolhas na vida. No budismo, a ideia de **Carma** simboliza nossas intenções, no ato de produzir nossas ideias depositadas sobre alguma ação concreta. No hinduísmo, a palavra **Karma** significa ação ou movimento. Essas medidas podem se dar no futuro de uma vida, as consequências futuras, mas isso não quer dizer que sua vida tenha uma intervenção externa, divina, ainda que a literatura pós-védica caracterize o termo como ordem ou uma lei sobre nós.

Diante dessas explicações simples podemos pensar agora sobre o **Zarma** africano. Destacamos a parte que fala que dar esmolas aos pobres rejuvenesce nossos **Carma** ou **Karma** no sentido budista e hinduísta da questão. Como vimos em partes do texto, os **Zarma** às vezes têm um comportamento mais cristão do que os próprios cristãos. Talvez por isso também sejam perseguidos pelos próprios. Ao mesmo tempo, os **Zarma** se orgulham em resistir a muitas coisas do mundo à sua volta (o efeito colonial), e isso pode estar lhe trazendo nenhum **Carma** nem **Karma**, mas uma arma contra aqueles que usam armas. Produzindo através dos povos **Zarma** um **Carma** e um **Karma** sobre seus perseguidores.

Marcelo Cortes

Este livro foi composto a muitas mãos, em fonte
tipográfica Bona Nova 11pt e impresso pela
gráfica Evangraf em papel pólen bold 90g/m^2
para a Coragem, no outono de 2025.